Jutta Ströter-Bender

Das Beste vom Farbkasten

Die wichtigsten Gestaltungstechniken bei der Arbeit mit Wasserfarben

ab Klasse 5

Mitarbeit: Dorthe Schmallenbach

Mit Kopiervorlagen

BRIGG Pädagogik

Gedruckt auf umweltbewusst gefertigtem, chlorfrei gebleichtem
und alterungsbeständigem Papier.

1. Auflage 2010
Nach den seit 2006 amtlich gültigen Regelungen der deutschen Rechtschreibung

ISBN 978-3-87101-**513**-7 www.brigg-paedagogik.de

Inhalt

Einführung

Standardtechniken

Illustrieren

Farbkasten in der Schulstunde ausgepackt wird, kann auf eine lange Tradition zurückgeblickt werden.

Vorteile über Vorteile

- Farbkästen sind relativ preiswert und enthalten die wichtigsten Basisfarben für Mischungen.
- Sie können leicht transportiert und an beliebiger Stelle aufgeklappt und eingesetzt werden.
- Der Farbauftrag geht mit einem Pinsel durch das Anrühren mit Wasser auf den Farbtabletten leicht von der Hand.
- Die Farbtabletten können bei Markenprodukten einzeln nachgekauft werden.
- Der Farbkasten bietet mit seinen Farbmischzonen im Innendeckel eine Palette an, die das Anrühren der Farben ermöglicht (und für den nächsten Gebrauch wieder leicht gereinigt werden kann).
- Die Farben können nach dem Auftrag auf der Malfläche weiter übermalt werden.

Historischer Schulfarbkasten von 1963

Einen Farbkasten kennenlernen

Bei den Schulfarbkästen finden sich bezüglich der Farbensysteme zwei unterschiedliche Arten:
- Kästen mit **„Deckfarben“**
- oder Kästen mit **„Wasserfarben“** (bzw. **„Aquarellfarben“**, lateinisch *aqua* = Wasser).

Vielen ist der Unterschied zwischen den beiden Farbsystemen nicht genau klar, da die Farben jeweils mit Wasser verarbeitet werden und ähnliche Gestaltungsweisen ermöglichen. Allerdings handelt es sich bei den Wasserfarben/Aquarellfarben häufig um feinere, qualitativ hochwertige und teurere Pigmente, mit denen ein leuchtender und eher durchscheinender Farbauftrag erzielt werden kann.

In der Regel werden in der Schule die preiswerteren Deckfarbkästen verwendet, die einen **dichteren Pigmentanteil** besitzen und dadurch über eine hervorragende Farbstärke verfügen. Wegen der hohen **Pigmentdichte** lassen sich mit den Farben der Malgrund und andere Schichten gut verdecken.

Die Farbtabletten im Kasten setzen sich aus zwei Komponenten zusammen:
1. **Farbige Pigmenteilchen** (lat. *pigmentum* = Farbe oder Schminke): Diese bestehen aus anorganischen oder organischen Farbträgern, die (praktisch) unlöslich sind.
2. **Farbträger** oder sogenannte Bindemittel werden für den Farbkasten aus pflanzlichen Leimen, u. a. aus Gummiarabikum (Saft aus Akazienrinde), hergestellt.

Das **Lösemittel** für die Farbtabletten ist kaltes **Wasser**. Mit dem wässrigen Pinsel wird beim Betupfen der Farbtabletten ein feiner „Farbschlamm“ gelöst, der auf der Malfläche aufgetragen und verteilt wird. Nach dem Verdunsten des Wassers erhärtet sich der gelöste Leim, der darin enthaltene Farbstaub klebt auf – und kann sich bei erneutem Farbauftrag mit Wasser wieder lösen.

Wasserfarben trocknen auf Papier matt auf, die Materialität der Bildoberfläche besitzt dann eine leicht pastellartige, luftige Wirkung – sofern diese nicht durch zu viel deckenden Farbauftrag eine „speckige“ Oberfläche erhält, die mit der Zeit immer unansehnlicher wird.

Hinter Glas gerahmt verstärkt sich die Wirkung von Farben und räumlichen Effekten. Auch Lackierungen vertiefen die satte Wirkung des Farbeindrucks, ähnlich wie bei Ölfarben. Lackierungen schützen die empfindlichen Farboberflächen und stabilisieren sie gegen Feuchtigkeit.

Farbsysteme

Diejenigen Kästen, die in Deutschland konkret als **Schuldeckfarbkästen** bezeichnet werden, entsprechen mit ihren Farbsortimenten einer strengen Norm, der sogenannten **DIN 5023 von 1989** (vorher DIN 5021). In einem Basis-Farbkasten mit zwölf Farben müssen in einer festen Anordnung enthalten sein: **Gelb, Magentarot, Cyanblau, Schwarz,** hinzu kommen **Orange, Zinnoberrot, Violett, Ultramarinblau, Blaugrün, Gelbgrün, Ockergelb, Sienna Gebrannt** – und eine Tube **Deckweiß**.

Bei einem erweiterten Farbkasten (insgesamt 24 Farben) sind weitgehend in der zweiten Abteilung vertreten: **Zitronengelb, Indischgelb, Fleischfarbe, Karminrot, Kobaltblau, Berliner Blau, Türkisblau, Französisch Grün, Olivgrün, Ocker dunkel, Gold** und **Silber** (oder auch Umbra und Grau).

Ungiftig und lichtecht

Für den schulischen Gebrauch werden ohne Einschränkung die standardisierten Farbkästen von Markenfirmen empfohlen. Hier sind die Farben lichtecht und ungiftig, was bei preiswerten Produkten aus Billiglohnländern oft weniger gegeben ist. Das Arbeiten mit den ergiebigen Farbtabletten der Markenprodukte ist auch komfortabler.

Standard: Schulfarbkasten von 2007, mit 24 Farben. Allerdings ist die Tube Deckweiß meist zu klein und zu schnell aufgebraucht.

Papier, Hefte, Zeitungen und mehr

Entgegen der allgemeinen Annahme eignen sich für die **Deckfarbentechnik** besonders **graue und getönte Papiersorten, Ton- und Packpapiere sowie Kartons.** Gerade die getönten Hintergründe bringen die Qualitäten der Deckfarben mit ihrer Leuchtkraft (sogar ohne Beimischung von Deckweiß) hervor. Es ist also nicht unbedingt der klassische, weiße Schulzeichenblock (von oft mittelmäßiger Qualität), der den besten Malgrund für dieses besondere Farbsystem darstellt. Glatte Papiere sind für genaues Arbeiten mit Linien (z. B. bei Illustrationen) geeignet. Raue Papieroberflächen hingegen ermöglichen einen lebendigen, eher atmosphärischen Farbauftrag (z. B. bei Landschaftsmalerei).
Für großformatige Arbeiten und malerische Projekte gilt die Regel, dass lose Blätter vor dem Beginn mit Klebestreifen auf der Arbeitsfläche befestigt werden müssen, da sie sonst quellen, sich wellen und sich nach dem Trocknen noch verändern.

Materialkisten mit Papier anlegen

Für das Arbeiten mit dem Farbkasten findet sich überall „umsonst" wertvolles Verbrauchsmaterial, z. B. in Haushalten, am Arbeitsplatz oder in Supermärkten: Kartons, Innenseiten von Verpackungen (z. B. von Nahrungsmitteln), Packpapierrollen, Tapetenbücher und Tapetenreste, alte Hefte, Postkarten, Tageszeitungen und Hochglanz-Zeitschriften. Das Material kann in einer gemeinsamen Papierkiste gesammelt und immer wieder neu „aufgestockt" werden. Solche Papiersammlungen bieten von Anfang an viele Vorteile, denn gerissenes, geschnittenes und aufgelesenes Material besitzt selten die standardisierten Formate (eines Zeichenblockes) und ermöglicht dadurch eigene Formate für individuelle Themenstellungen.

Ein Arbeitsbuch für Ideen und experimentelle Ergebnisse

Es empfiehlt sich, ein begleitendes Arbeitsbuch in Form eines Ordners oder eines persönlich gestalteten Heftes anzulegen. Die Schülerinnen und Schüler können darin ihre verschiedenen Erfahrungen und Stationen mit dem Farbkasten im Laufe der kommenden Wochen festhalten und vertiefen. Im Arbeitsbuch werden Texte und Anleitungen, individuelle Notizen und Anmerkungen gesammelt. Zeichnungen, Fotos, Postkarten, Farbstudien, Entwürfe, Collagen sowie aufgeklebte Materialien vervollständigen die Entdeckungsreise in die Welt der Malerei.

Vorschläge für die Gestaltung eines Arbeitsbuches

- Am preiswertesten: Ein alter Ordner wird neu beklebt und dekoriert.
- Oder: Ein einfaches DIN A4 Heft (unliniert) wird mit einem individuell gestalteten Umschlag aus Packpapier etc. gebunden.
- Es eignen sich auch „richtige" Tagebücher, unbenutzte Poesie- und Fotoalben, die noch in Schränken zu finden sind oder auf dem Flohmarkt. Vielleicht gibt es auch Sponsoren dafür? (Eltern, Schule, Kaufhäuser, Einzelhandel etc.)
- Oder: Aus Packpapier, farbigem Karton und anderen Papieren werden pro Projekteinheit immer neue Blätter geschnitten/gerissen und erst in einer Mappe gesammelt, dann später mit Schnüren gebunden.

Pinsel und mehr

An der Wahl von unpassenden Pinseln sind schon viele malerische Vorhaben gescheitert. Die besten Pinsel für das Arbeiten mit wasserlöslichen Farben, sogenannte Rotmarder-Haarpinsel, aber auch die etwas günstigere Alternative, die Synthetik-Haarpinsel, sind für den Unterricht zu teuer. Die (sehr billigen) Haarpinsel, die den Schulfarbkästen beiliegen, sind jedoch meist nach wenigen Schulstunden überstrapaziert, verlieren ihre Haare und eignen sich kaum für präzisere Darstellungen. Was tun? Es sollten ergänzend breite und schmale Flachpinsel aus Borsten und feineren Haaren zum Einsatz kommen, um das Spektrum des Farbauftrages zu erweitern. Hier finden sich preiswerte Angebote in Bastelgeschäften. Auf jeden Fall gilt: **Ein Pinsel ist zu wenig.** Pinsel kann man nach dem Arbeiten gut mit etwas Kernseife reinigen.

Als weiteres Material für den Farbauftrag bieten sich in Verbindung mit dem Pinselauftrag je nach Motiv und Technik an: Federn, Schwämme, Läppchen, geknülltes Haushaltspapier, alte Zahnbürsten, Kämme und kleine Siebe, Löffel und kleinere Farbrollen.

Beispiel aus der Kunst

Ingo Kuczera: Ohne Titel, Gouache, Wasserfarbe, Tusche, Gold auf Papier, o. J., 30,5 x 43 cm, Copyright: Erbengemeinschaft I. Kuczera

Die Technik Schritt-für-Schritt

Bei dieser Technik ist es für den Farbauftrag besonders wichtig, viel Farbe und wenig Wasser zu verwenden. Der Untergrund wird nicht angefeuchtet.

1. Zunächst werden die Grundfarben der Motive aufgetragen. Die Grundfarbe ist die Hintergrundfarbe eines Motivs bzw. der größte Teil einer Farbe.

2. Anschließend können mit weiteren Farben die Details auf den Motiven ergänzt werden. In diesem Schritt ist es besonders wichtig, viel Farbe und wenig Wasser beim Auftragen der Farbe zu verwenden.

3. Durch die deckenden Farben können im Bild helle und dunkle Stellen bzw. Licht und Schatten dargestellt werden.

4. Abschließend können die Motive durch die Gestaltung des Hintergrunds ergänzt werden.

Zeitaufwand: ca. 2–3 Schulstunden, erweiterbar

Beispiel aus der Kunst

Ingo Kuczera (1964–2004) kombiniert in seinen Arbeiten dichte, deckende Farbflächen, zum Teil mit Deckweiß gemischt, mit durchscheinenden, dünnen Farbaufträgen und entwickelt mit dieser Malweise „ein Wechselbad" von Farbempfindungen.

Ingo Kuczera: Ohne Titel, Deckfarben auf Papier, o. J., 49,8 x 44 cm, Copyright: Erbengemeinschaft I. Kuczera

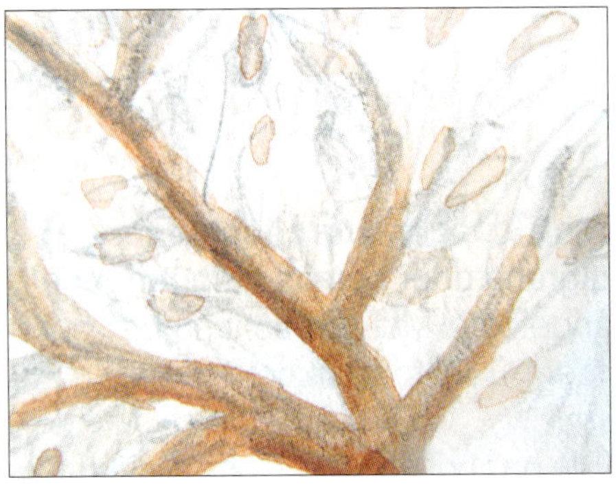

4. Wird die stark verdünnte Wasserfarbe in mehreren Schichten aufgetragen, so entstehen ebenfalls dunklere Stellen im Bild. Dadurch können besondere Oberflächen im Motiv gezeigt werden.

5. Mit einer Farbe, die unterschiedlich stark mit Wasser verdünnt wird, kann Licht und Schatten dargestellt werden.

6. Die Vorzeichnung wird dabei von der Farbe nicht völlig verdeckt, sondern für die Licht- und Schattendarstellung verwendet.

7. Das fertige Bild zeigt die durchscheinende Zeichnung sowie die in Schichten aufgetragenen und unterschiedlich stark verdünnten Wasserfarben.

Zeitaufwand: ca. 2–3 Schulstunden, beliebig ausbaubar

Weitere Möglichkeiten der Lasurtechnik

Ariane Temme: Mit dünnen Farbschichten einen „Keks studieren"

Beispiele aus der Kunst

Der englische Dichter, Maler und Grafiker **William Blake (1757–1827)** umrahmte in seinem Werk „Songs of Innocence and Experience“ *(Lieder der Unschuld und Erfahrung)* Gedichte im Stil von lasierenden Aquarellen. Die zahlreichen Farbschichten verleihen den Illustrationen Tiefe und Ausdruck. Zusammen mit seiner Frau verfasste er den Band in den Jahren 1789/94. Die Werke von William Blake haben bis in die Gegenwart hinein Künstler und Künstlerinnen inspiriert.

William Blake: Songs of Innocence and Experience, 1789/94, S. 13 und 14

Die in Paris lebende Künstlerin **Stefanie Heyer (geb. 1979)** widmet sich seit Jahren Forschungen in Familienalben und findet dort malerische Motive. Auf grobem Papier und in kleinerem Format, in der Kombination mit feuchtem und trockenem Farbauftrag, lasiert Stefanie Heyer auf einer leichten Vorzeichnung in dünnen Farbschichten Personen und Räume vergangener Epochen – und lässt durch die leicht verschwommenen Konturen Atmosphären der Erinnerung entstehen.

Stefanie Heyer: Hans, 2008, 24 x 34 cm

Stefanie Heyer: Schwälmer Mädchen, 2007, 21 x 23 cm

4. Der Bild- bzw. Schichtenaufbau kann sowohl zufällig als auch überlegt sein. Soll ein bestimmtes Motiv in der obersten Schicht zu sehen sein, so müssen die Schichten geplant übereinandergelagert werden.

5. Diese Technik bietet sich für viele Motive an. Das Wechselspiel von durchscheinenden und deckenden Schichten verleiht der Bildfläche Tiefe.

Zeitaufwand: ca. 4 Schulstunden

Beispiele aus der Kunst

Die Stuttgarter Künstlerin **Magda Hagstotz (1914–2001)** gilt als eine Meisterin im Umgang mit den immensen Möglichkeiten, die sich aus dem künstlerischen Gebrauch des Farbkastens ergeben. Zahlreiche ihrer Gemälde, von der Klassischen Moderne inspiriert, befinden sich in privaten und öffentlichen Sammlungen. Vor allem in den Jahren zwischen 1950 und 1970 waren ihre Arbeiten besonders erfolgreich, heute ist sie fast vergessen.
Ein bedeutendes Anliegen ihrer künstlerischen Arbeit war die Darstellung der Elemente von Tanz, Farbbewegungen und Natur. Immer wieder griff sie auch auf das Moment des assoziativen Farberlebens zurück: Aus Farbklecksen und Farbspuren entwickelte sie mit freien, sicheren Pinselstrichen Wesen, Pflanzen und imaginäre Welten.

Zur Technik
Magda Hagstotz arbeitete mit weitgehend lasierendem oder halbdeckendem, schichtendem Farbauftrag und legte einzelne Farbflächen mit gestischen Strichen übereinander, sodass sich stellenweise ein helles und dichteres Farbspiel nebeneinander entfaltet.

Magda Hagstotz: Ohne Titel, Wasserfarben auf Karton, 1962, 70 x 45 cm, © VG Bild-Kunst, Bonn 2009

Magda Hagstotz: Ohne Titel, Wasserfarben auf Karton, 1961, 70 x 51cm, © VG Bild-Kunst, Bonn 2009

Ingo Kuczera (1964–2004) lasierte für diese Landschaftsdarstellung mehrere Schichten wässrig, zum Teil mit Deckweiß vermischt und auch halbdeckend übereinander. Dadurch entstehen atmosphärische „Farbräume“ mit bewegten Strukturen.

Ingo Kuczera: Ohne Titel, Wasserfarbe, Gouache, Bleistift auf Papier, o. J., Copyright: Erbengemeinschaft I. Kuczera

Anna Teichrieb verwendet in ihrem Bild Schichtenmalerei zwischen deckendem und halbdeckendem Farbauftrag.

Anna Teichrieb: Mohrrüben, Deckfarben auf Papier, 2006, 30 x 40 cm

Name: ______________________ Datum: ____________

Schichtenmalerei

Dafür benötigst du folgendes Material:
Bleistift, Pinsel, Wasser, Farbkasten und Papier zum Ausprobieren

1 Wähle eine beliebige Farbe aus deinem Farbkasten.

2 Mische die Farbe mäßig mit Wasser, sodass sie nicht zu dick und nicht zu dünn wird.

3 Male anschließend viele farbige Formen in das freie Feld auf diesem Blatt. Warte, bis die Farbe getrocknet ist, und wähle anschließend eine zweite Farbe aus deinem Farbkasten aus. Male mit dieser neuen Farbe weitere Formen, z. B. Kreise. Dabei dürfen die Formen der zweiten Schicht die erste Schicht übermalen: So entsteht Schichtenmalerei.

4 Du siehst, dass die erste Schicht deiner farbigen Formen durch die zweite Schicht zum Teil verdeckt wird, manche Stellen jedoch nicht. Mit diesem Verfahren kannst du Schicht für Schicht übereinanderlagern.

Denke immer daran, dass die unteren Schichten erst trocknen müssen, bevor du sie wieder übermalst.

Illustrieren: Kolorierte Zeichnungen

Illustrieren als wissenschaftliche Dokumentation

Die Techniken des Kolorierens von Zeichnungen sind traditionell eng mit der Geschichte der Buchmalerei und des Buchdrucks verbunden. Durch das Kolorieren von Schwarz-Weiß-Vorlagen, Zeichnungen, Holzschnitten und Kupferstichen konnten malerische und illusionistische Effekte erzielt werden. Im Rahmen der wissenschaftlichen Illustration wurde diese Gestaltungsweise zu einem der wichtigsten Instrumentarien in der **Dokumentation** von Objekten, Pflanzen und Tieren, wie auch für **Entwurfszeichnungen** für Architektur, Kunst und Gestaltung.
Auch bei den Reisenden war bis in das 19. Jahrhundert hinein die mit Wasserfarben kolorierte Zeichnung das Medium für Skizzen, Ansichten und Erinnerungen.

Maria Sibylla Merian: Handkolorierter Kupferstich zu den Metamorphosen des Schmetterlings. Aus dem Werk „Metamorphosis insectorum Surinamensium", plate LX. Akanthazee, 1705

Fanart-Illustrationen

Diese Techniken sind bei vielen Heranwachsenden in der sogenannten Kultur der Internet-Fanart (Mangas, Fantasy, Music) äußerst beliebt und viele Jugendliche haben sich in diesen gestalterischen Bereichen des Illustrierens bereits hohe Kompetenzen angeeignet. Fanart-Galerien wie beispielsweise die Seiten von *http://fanart.onlinewelten.com* präsentieren dabei mehrere hunderttausend Arbeiten von vorwiegend jungen Fanart-Produzenten.

Die Technik Schritt-für-Schritt

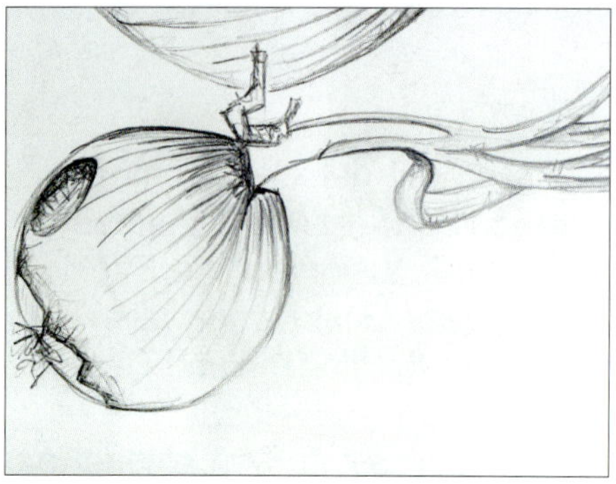

1. Anfertigung einer relativ exakten Bleistiftzeichnung auf einem weißen Blatt Papier.

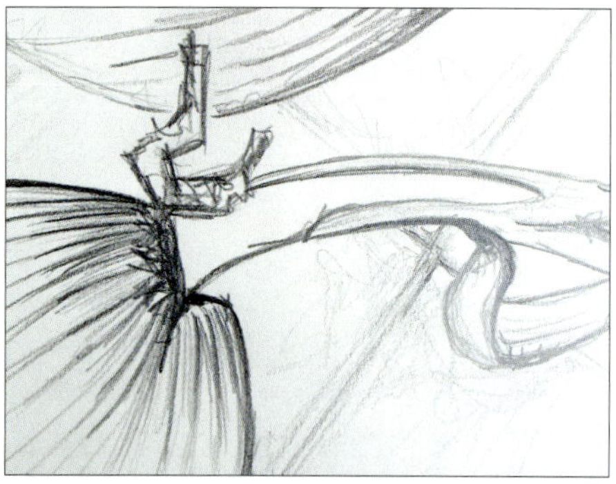

2. Dabei werden alle wichtigen Details des Motivs dargestellt, so wie man sie bei einer reinen Bleistiftzeichnung ausarbeiten würde.

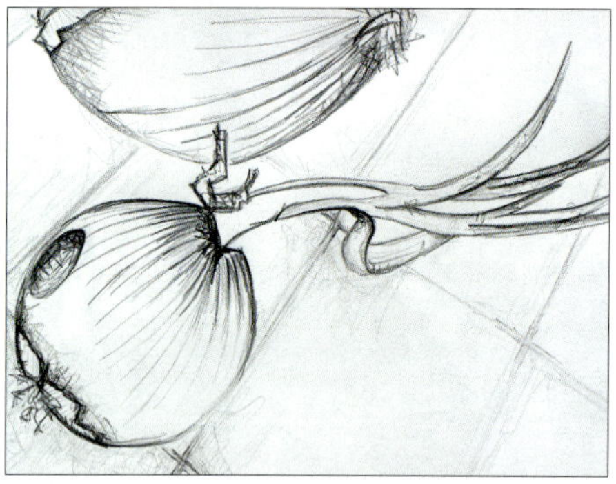

3. In diesem Schritt wird die Zeichnung durch die Darstellung eines Hintergrundes ergänzt.

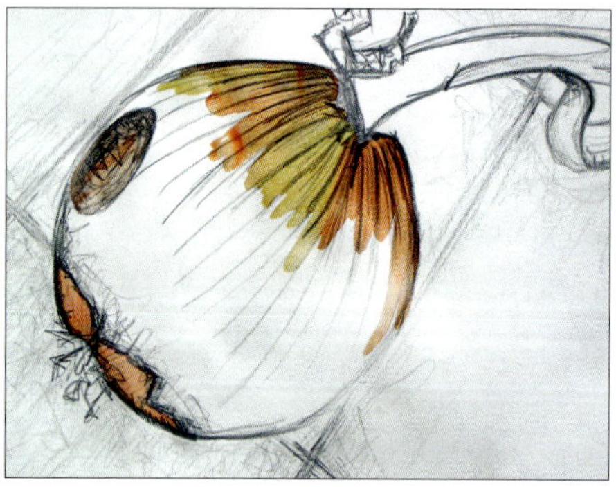

4. Anschließend kann die Zeichnung schrittweise mit Wasserfarben koloriert werden. Dazu werden die Wasserfarben stark verdünnt, sodass beim Auftragen die Bleistiftzeichnung immer noch unterhalb der Farben zu sehen ist.

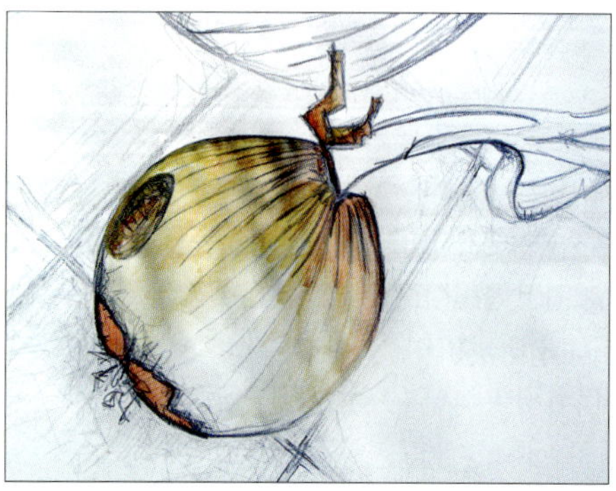

5. Mit viel Wasser und wenig Farben können bei mehrmaligem Übermalen auf der Zeichnung helle und dunkle Stellen dargestellt werden. Durch das zusätzliche Mischen verschiedener Farben wird das Motiv plastisch und natürlich wiedergegeben.

6. Durch das Kolorieren der Zeichnung können Details im Bild besonders akzentuiert werden.

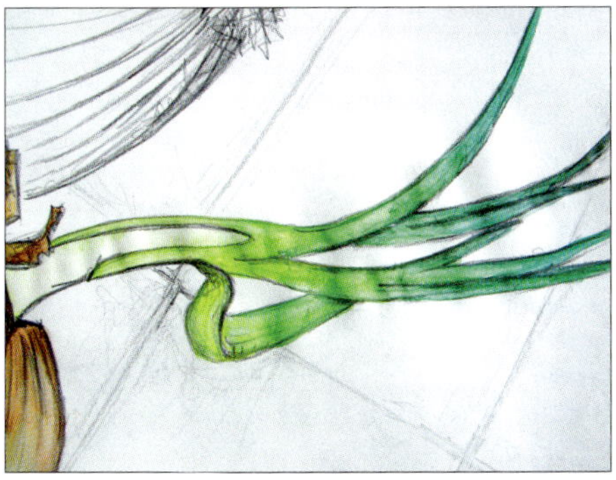

7. Unterschiedlich starke Pinsel sind nützlich, um Feinheiten zu gestalten.

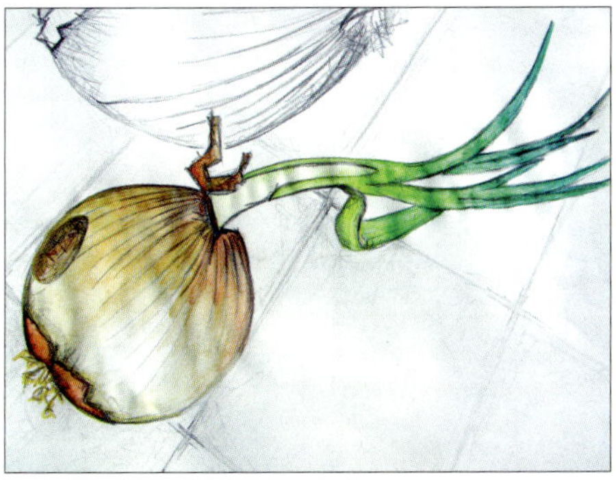

8. Je nach Wunsch kann die vollständige Zeichnung koloriert werden oder z. B. nur ein Motiv in der Zeichnung, das durch die aufgetragenen Farben besonders hervorstechen soll.

9. Nach dem Kolorieren des Motivs, in diesem Fall der Zwiebel, wird abschließend der Hintergrund mit der Farbe Schwarz, die mit Wasser stark verdünnt wird, gestaltet. Durch mehrmaliges Übermalen dieser dünnen Hintergrundfarben können dunklere Stellen im Hintergrund dargestellt werden.

10. Die kolorierte Zeichnung mit Hintergrund.

Zeitaufwand: ca. 4 Schulstunden, beliebig ausbaubar

Illustrieren als wissenschaftliche Dokumentation

Galileo Galilei (1564–1642) zeichnete und aquarellierte seine wissenschaftlichen Beobachtungen der Himmelskörper, die er mit einem neu entwickelten Fernrohr durchführen konnte, und veröffentlichte diese Forschungen unter anderem in der Schrift „Sidereus Nuncius". Darin versprach er einleitend, „höchst wunderbare Erscheinungen" den Astronomen und Philosophen zu offenbaren. Zu diesem Zeitpunkt war Galilei Professor für Mathematik in Padua. Die Studie der sechs Mondphasen stammt aus dem Jahr 1616. Die Vorzeichnung ist noch genau zu erkennen. Sie dient als Grundlage für den weiteren, leicht wässrigen Farbauftrag.

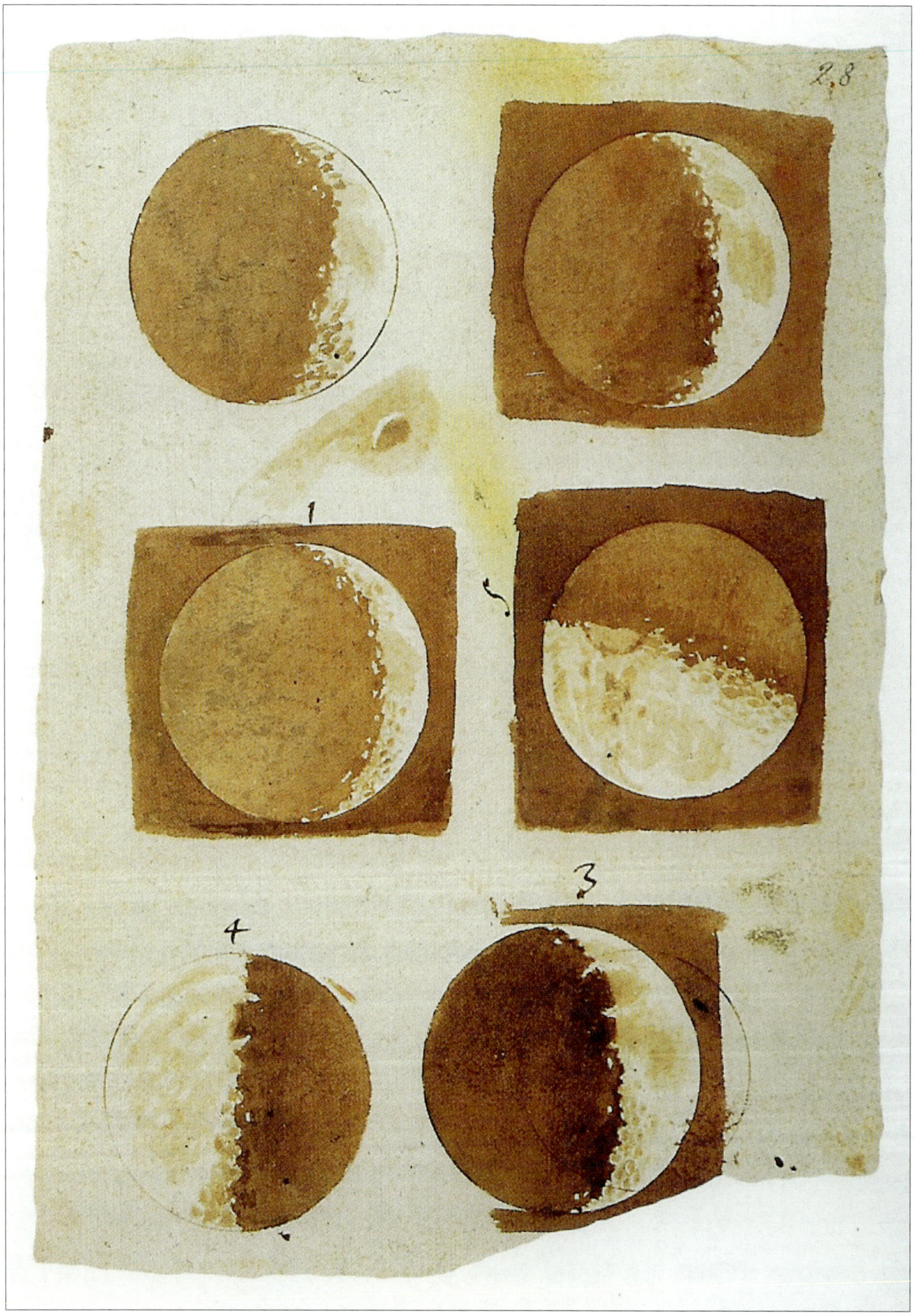

Traditionelle Illustrationskunst mit kolorierten Zeichnungen

Eine der bekanntesten Illustratorinnen von Kinderbüchern des Jugendstils ist **Sibylle von Olfers (1881–1916)**. Sie prägte mit ihren erfolgreichen Büchern beispielsweise „Etwas von den Wurzelkindern“ (1906) Generationen von Heranwachsenden. Ihre Illustrationen sind auf den Umrissen einer Vorzeichnung aufgebaut, die dann flächig ausgemalt und noch einmal konturiert werden. Dies verleiht den Bildern Einfachheit und Frische.

Sibylle von Olfers: Illustration zu „Etwas von den Wurzelkindern“, 1906

Aktuelle Illustrationskunst (Fanart) mit kolorierten Zeichnungen

Diese kolorierte Zeichnung aus dem Fanart-Forum *http://fanart.onlinewelten.com* stellt eine Szene aus der Serie Macross dar. Die Gestalterin des Werkes kommentiert ihre Arbeit folgendermaßen:

„Da mein GT zur Zeit nicht funktionieren will, war das der ideale Zeitpunkt, mal Aquarell auszutesten. Hab hierzu mal auf eine Kakaokarte gezeichnet, denn das kleine Format ist für Testzwecke doch ziemlich geeignet, auch wenn es letztendlich eine Maxikarte, bestehend aus zwei Karten, geworden ist. Normalerweise würd ich diese kleinen Bildchen nicht auf Animexx hochladen, v.a. wenn sie noch so ungeübt aussehen und ich mich bei den Outlines einige Male verzeichnet habe, aber so schlecht zum Wegschmeißen, fand ich's auch nicht, daher verschenk ich die Karte bzw. verlose sie."

Quelle: http://fanart.onlinewelten.com

Diese im Fanart-Forum *http://fanart.onlinewelten.com* vorgestellte kolorierte Zeichnung mit relativ exakten Konturierungen zeigt eine Szene der Manga-Serie Cat Eyes mit dem Titel „Cats! nya nya nya“.

Quelle: http://fanart.onlinewelten.com

Beispiel aus der Kunst

Bei dieser Darstellung von **Ingo Kuczera (1964–2004)** ist die Bleistiftzeichnung nur flächig koloriert und wird durch weitere Zeichnungen mit dem Pinsel ergänzt.

Ingo Kuczera: Ohne Titel, Bleistift, Wasserfarben, o. J., 29,5 x 21 cm, Copyright: Erbengemeinschaft I. Kuczera

Name: ____________________ Datum: ____________

Kolorieren von Zeichnungen

Dafür benötigst du folgendes Material:
Bleistift, Pinsel, Wasser, Farbkasten und Papier zum Ausprobieren

1 Wähle eine Farbe aus deinem Farbkasten.

2 Mische die Farbe mit sehr wenig Wasser und male anschließend mit dem Pinsel einen Strich in das erste Feld an die linke Seite von oben bis unten.

3 Male nun weitere Striche in das erste Feld, die in ihrer Deckkraft immer weiter abnehmen.

4 Zeichne mit einem Bleistift einen Apfel in das zweite Feld.

5 Wähle nun eine Farbe aus dem Farbkasten aus, mit der du den gezeichneten Apfel einfärben, also kolorieren möchtest.

6 Versuche im nächsten Schritt die Zeichnung mit Farbe und Pinsel zu kolorieren. Dabei soll die Zeichnung mit unterschiedlich transparenten Stufen übermalt werden. Je mehr Wasser du der Farbe hinzufügst, desto transparenter wird sie.

TIPP: Durch das Mischen verschiedener Farben aus dem Farbkasten können viele neue Farben entstehen.

Illustrieren: Farbiges Zeichnen

Beim **farbigen Zeichnen** mit einem Farbkasten wird ein feiner Haarpinsel ähnlich wie ein Buntstift genutzt, d. h., die Farben werden nur mittelmäßig angefeuchtet und mit Strichen skizzenhaft nebeneinander gesetzt. Es bleibt ein eher flüchtiger Eindruck, bei dem es auf das Wesentliche in der Linienführung ankommt. Es handelt sich um eine **beliebte Technik für Entwürfe**, beispielsweise in der Mode oder im Innenraumdesign.

Die Technik Schritt-für-Schritt

1. Beim farbigen Zeichnen kommt es darauf an, mit einem Pinsel die Farbe nur in Strichen und Linien aufzutragen. Dabei werden keine Flächen ausgemalt.

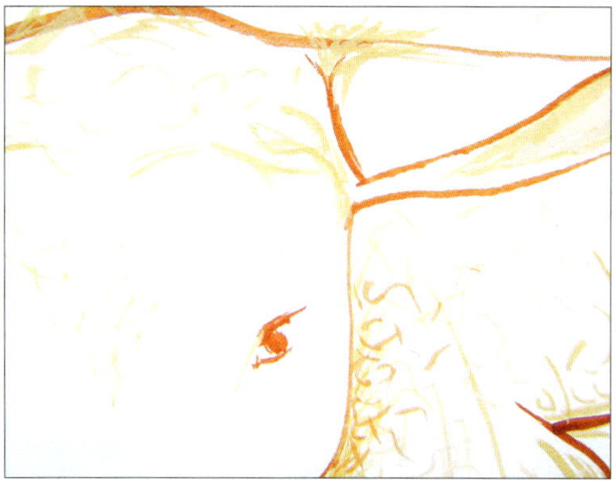

2. Der Pinsel übernimmt wie bei einer Bleistiftzeichnung die Funktion des Bleistifts. Dabei ist jedoch zu beachten, dass der Pinsel meist breiter ist als ein Bleistift.

3. Die farbige Zeichnung wirkt besonders durch ihre Helligkeit und Leichtigkeit, die durch die vielen weißen bzw. freien, nicht überdeckten/übermalten Stellen im Bild entstehen.

Zeitaufwand: ca. 2 Schulstunden

Name: ______________________ Datum: ____________

Farbiges Zeichnen

Dafür benötigst du folgendes Material:
Pinsel, Wasser, Farbkasten und Papier zum Ausprobieren

1 Wähle eine beliebige Farbe aus deinem Farbkasten.

2 Mische die Farbe mit Wasser und versuche nun, den Pinsel wie einen Bleistift zum Zeichnen zu benutzen. Zeichne ein Motiv deiner Wahl in das freie Feld.

Im Gegensatz zum Bleistift musst du immer wieder Farbe mit deinem Pinsel aufnehmen, um damit zeichnen zu können.

3 Beim farbigen Zeichnen kommt es darauf an, mit Strichen und Schattierungen zu arbeiten. Du kannst dabei so viele Farben verwenden, wie du für dein Motiv benötigst.

4 Du musst nicht auf weißem Papier farbig zeichnen. Welche Materialien und Untergründe gibt es noch, auf denen du farbig zeichnen kannst? Experimentiere doch einfach mal.

Illustrieren: Wasserfarben und Filzstifte

Historisch gesehen ist das Gestalten mit Filzstiften relativ „jung“. 1962 wurde der **Filzstift** in Japan von Yukio Horie erfunden und in nur wenigen Jahren zu einem global verbreiteten Schreib- und Zeichengerät, das heute auch den Schulalltag entscheidend mitgestaltet. Die Technik des illustrativen Malens mit Wasserfarben und Filzstiften verbindet die zeichnerischen Aspekte des Entwerfens und Konturierens durch den Filzstift mit den vielfältigen Qualitäten der farblichen Ausarbeitung durch den Farbkasten. Das reiche Farbspektrum der Filzstifte ermöglicht harte, feste oder weiche, leuchtende, transparente sowie malerische Konturen. Ebenso bietet sich das spätere „Überzeichnen“ oder „Eingrenzen“ farbiger Flächen mit Filzstiften an. Aktuell wird diese Technik in der Zeitgenössischen Kunst häufig angewendet. Amy Cutler (geb. 1974) setzt diese Gestaltungsweise beispielsweise in ihren fantastischen Zeichnungen ein.

Die Technik Schritt-für-Schritt

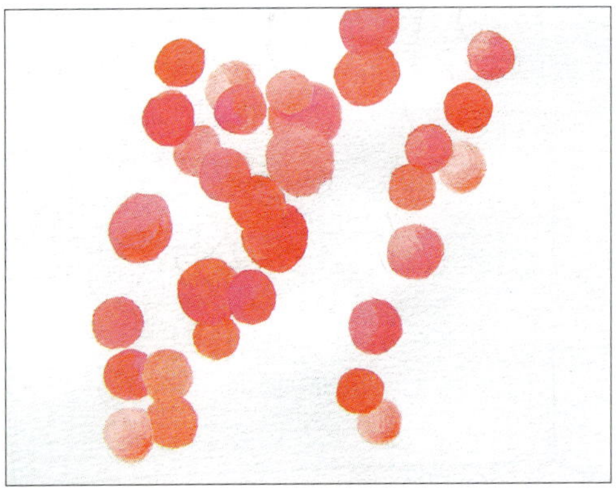

1. Bei dieser Technik wird zunächst ein Bild mit Wasserfarben angefertigt.

2. Das Bild baut sich schrittweise auf. Für die Gestaltung in diesem Beispiel wurde nur leicht verdünnte Farbe verwendet, sodass es fast eine deckende Malerei ist.

3. Erst nachdem der Malprozess mit den Wasserfarben abgeschlossen ist, werden mit Filzstiften bzw. Fasermalern kleine Details im Bild ergänzt und hervorgehoben.

4. Die Ergänzungen durch die Filzstifte zeichnen sich durch ihre klaren Striche oder Flächen aus.

5. Dabei ist jedoch zu beachten, dass Filzstifte auf nassen Wasserfarben auch verlaufen und verwischen können. Dadurch entstehen neben klaren Linien und Flächen zusätzliche Effekte.

6. Diese Technik eignet sich besonders für Motive, die sehr filigran gearbeitet werden sollen: z. B. farbige Zeichnungen von Architekturmodellen oder Detailaufnahmen von Pflanzen.

Weiteres Beispiel: Kohlestifte und Farbkasten

Auch Wachsmalkreiden sind zum Übermalen und Kolorieren geeignet.

Name: ______________________ Datum: ______________

Wasserfarben und Filzstifte

Dafür benötigst du folgendes Material:
Pinsel, Wasser, Farbkasten, Filzstifte und Papier zum Ausprobieren

1 Male zunächst ein Bild mit Wasserfarben. Es ist die Grundlage für das weitere Vorgehen.

2 Erst nach der Fertigstellung kommen die Filzstifte zum Einsatz.

3 Beim farbigen Zeichnen kommt es darauf an, mit Strichen und Schattierungen zu arbeiten. Du kannst dabei so viele Farben verwenden, wie du für dein Motiv benötigst.

Beachte dabei, dass die Wasserfarben erst trocknen müssen, damit du darauf mit den Filzstiften malen kannst. Sonst verlaufen die Filzstifte auf den nassen Wasserfarben.

Gesten, Spuren, Materialien

Die folgenden Techniken, bei denen es um **Materialerfahrungen** und **gestische und malerische Prozesse** geht, gehören auch zum Repertoire kunsttherapeutischer Gestaltungsweisen. Sie öffnen Wege zu intensiven Malprozessen und kreativen Freiräumen. Die Endergebnisse sind weniger perfekt und planbar, weil sie von den Farbverläufen mitgestaltet werden. Unterschiedliche Formate, Bildausschnitte und Malgründe regen freies Malen an. Diese Malweisen verlangen im Umgang mit den Materialien eine „andere“ Form von Aufmerksamkeit und Kreativität – zugleich erweitern sie das Spektrum gestalterischer Kompetenzen für zukünftige Projekte.

Wohin mit den fertigen oder scheinbar unfertig wirkenden Arbeiten? Es empfiehlt sich, gelungene Bildausschnitte, verbunden mit Kommentaren, Beschreibungen, Beobachtungen oder kleinen Geschichten und Gedichten in das Kunst-Heft/Arbeitsbuch aufzunehmen. Die Arbeiten können auch Ausgangsmaterialien und Untergründe sein für: Scherenschnitte, Collagen und Zeichnungen.

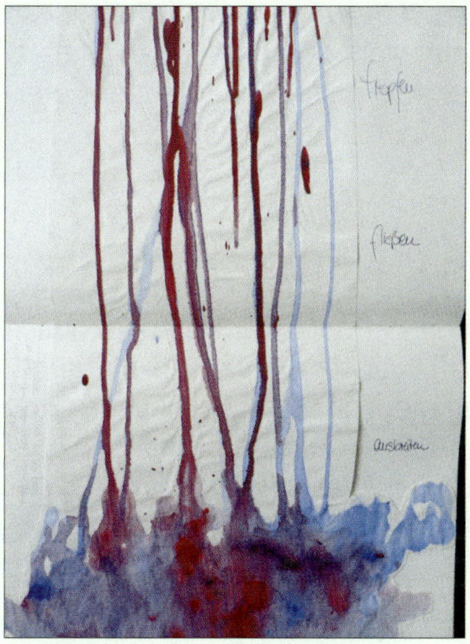

Tropfen, Fließen, Ausbreiten: Erkundung von Farbverläufen, Anna Teichrieb: Arbeitsbuch zu malerischen Prozessen, 2006

Experimente mit fließenden Farbverläufen in einer 6. Klasse. Foto: Annette Hannig

Wässriges Malen – Nass in Nass

Das glatte, dünne Papier der Schulzeichenblöcke ist für diese Technik nur bedingt geeignet. Es wird daher empfohlen, beim Versuch in der Schule das Zeichenblockpapier nicht zu stark zu befeuchten und es dann vollständig mit Klebestreifen auf dem Tisch zu befestigen. Wesentlich besser eignen sich lose Aquarellbögen.

Wichtig: Die Farbwirkung verändert sich stark nach dem Trocknen, sie wird bedeutend heller und matter!

Die Technik Schritt-für-Schritt

1. Die Grundlage für das wässrige Malen ist das Anfeuchten des Papiers, auf dem gemalt werden soll. Dazu wird mit einem breiten Pinsel oder mit einem Schwamm Wasser auf beide Seiten des Papiers aufgetragen. Das hat den positiven Effekt, dass sich das Bild nicht wellt. Während des Malens sollte das Papier immer wieder angefeuchtet werden.

2. Auf das angefeuchtete Papier wird nun die nasse Farbe gelegt. Dazu wird eine beliebige Farbe auf den Pinsel genommen und auf das nasse Blatt Papier gestrichen. Die Farbe verbreitet sich auf dem feuchten Blatt Papier wie von selbst.

3. Durch das Auftragen verschiedener Farben entstehen mit dieser Technik unerwartete Farbverläufe. An den Farbrändern kommt es zu Mischungen.

4. Sollen die Farben weiter ineinanderverlaufen, muss das Blatt immer wieder befeuchtet werden.

5. Diese Technik eignet sich besonders gut für unerwartete Motivanregungen, die während des Malprozesses entstehen und nach dem Trocknen mit weiteren Schichten „ausgebaut" werden können.

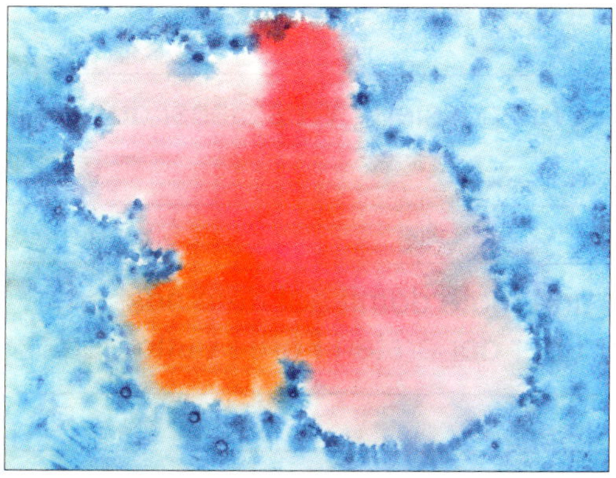

6. Bei diesem Beispiel entstand ein zufälliges Motiv, das nach dem Trocknen weiterentwickelt wurde.

7. Zufällige Motive können nachträglich durch kleine Details ergänzt und zu anderen Motiven verwandelt werden.
   Es bieten sich weitere Übermalungen mit Buntstiften, Filzstiften, Ölkreiden etc. an.

Zeitaufwand: ca. 2 Schulstunden

Beispiel aus der Kunst

Meister dieser Technik und ihrer Weiterentwicklung waren die Künstler **Emil Nolde (1867–1956)** und **Christian Rohlfs (1849–1938)**.

Name: ______________________ Datum: ____________

Tupfen mit Wasserfarben

Dafür benötigst du folgendes Material:
Pinsel, Wasser, Farbkasten und Papier zum Ausprobieren

1 Wähle eine beliebige Farbe aus deinem Farbkasten.

2 Mische die Farbe mäßig mit Wasser, sodass sie nicht zu dick und nicht zu dünn wird.

3 Tupfe nun mit deinem Pinsel und deiner aufgenommenen Farbe in das freie Feld unten. Versuche, Tupfen in verschiedenen Größen zu erzeugen oder auch Sprenkel und Punkte.

4 Wähle eine weitere Farbe aus deinem Farbkasten und tupfe neue Tupfen in das Feld. Probiere unterschiedliche Pinsel aus.

Tupfen kann man nicht nur mit einem Pinsel erzeugen. Versuche mit verschiedenen Materialien zu tupfen, z. B. mit einem Schwamm oder einem Tuch.
Auch der Untergrund muss nicht immer weißes Papier sein. Worauf könntest du denn noch tupfen? Zeitung, buntes Papier, Pappe, Holz usw.

Wasserfarben, Sand und Erde

Die Technik Schritt-für-Schritt

... mit Sand

1. Für das Malen mit Sand wird benötigt: Sand, Farbe aus dem Farbkasten, ein Pinsel, ein zusätzlicher Teller zum Mischen und Wasser.
   Die Farbe sollte separat mit dem Sand vermischt werden, damit der Sand nicht in den Farbtöpfchen des Farbkastens verbleibt und die weitere Verwendung der Farben dadurch beeinträchtigt wird.

2. Die Farbe wird aus dem Farbkasten auf den Teller übertragen und anschließend mit sehr wenig Sand gemischt, um sie auch gut auf dem Maluntergrund verteilen zu können.

Zeitaufwand: ca. 2 Schulstunden

Gestalten mit Sand als Ausgangspunkt für eine Collage

Die Technik Schritt-für-Schritt

… mit Erde

1. Bei dieser Technik ist es besonders wichtig, die Farbe und die Erde nicht im Farbkasten zu mischen, sondern auf einem separaten Teller, um später noch mit dem Farbkasten weiterarbeiten zu können.

2. Farbe wird mit viel Wasser verdünnt und mit einem Pinsel auf den Teller übertragen. Dort kann man der Farbe zunächst in ganz kleinen Mengen Erde hinzufügen, denn zu viel Erde würde die Farbe überdecken.

3. Mit dem Pinsel lässt sich die Farbe-Erde-Mischung auf einem Blatt Papier gut auftragen. Zu beachten ist, dass dabei nicht zu viel Erde verteilt wird und die Farbe nass genug ist, um die Erde aufzunehmen und auf dem Papier zu binden. Sonst löst sich die Erde nach dem Trocknungsprozess wieder vom Blatt.

4. Diese Technik zeichnet sich durch die erhabenen bzw. plastischen Elemente und Stelnen im Bild aus. Sie eignet sich besonders gut für Bildthemen mit Landschaftsmotiven oder abstrakten Farbschichten.

Zeitaufwand: ca. 2 Schulstunden

Name: ______________________ Datum: ______________

Wasserfarben, Sand und Erde

Dafür benötigst du folgendes Material:
Pinsel, Wasser, Farbkasten, Sand, Erde, Papier zum Ausprobieren, Teller zum Mischen

1 Bei dieser Technik ist es wichtig, die Farbe mit Sand oder Erde auf einem separaten Teller zu mischen, da sonst der Farbkasten unbrauchbar gemacht wird.

2 Übertrage die Farbe Grün mit einem Pinsel auf den Mischteller. Die Farbe darf nicht zu trocken sein, weil die Erde anschließend viel Wasser aufsaugt. Mische jetzt Erde zur Farbe hinzu. Nimm dazu ganz wenig Erde zwischen zwei Finger und streue sie in die Farbe auf dem Teller.

3 Mische die Erde (oder auch Sand) und die Farbe mit dem Pinsel und übertrage die Mischung auf das Feld unten. Male ein paar Striche.

Salz und Gewürze aufstreuen

Diese Technik eignet sich für die Umsetzung von Landschaftsstrukturen und atmosphärischen Farbstimmungen.

Die Technik Schritt-für-Schritt

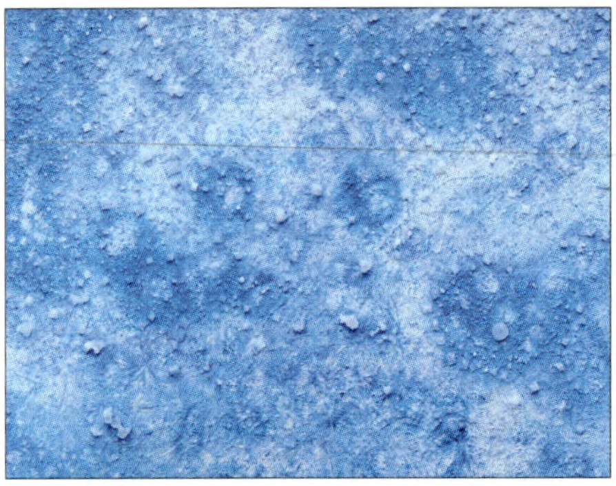

1. Bei dieser Technik wird zunächst Farbe in sehr nassem Zustand auf ein Blatt Papier aufgetragen. Sofort danach wird das Salz auf dem Maluntergrund verteilt. Statt Salz eignen sich auch Curry und andere Gewürze.

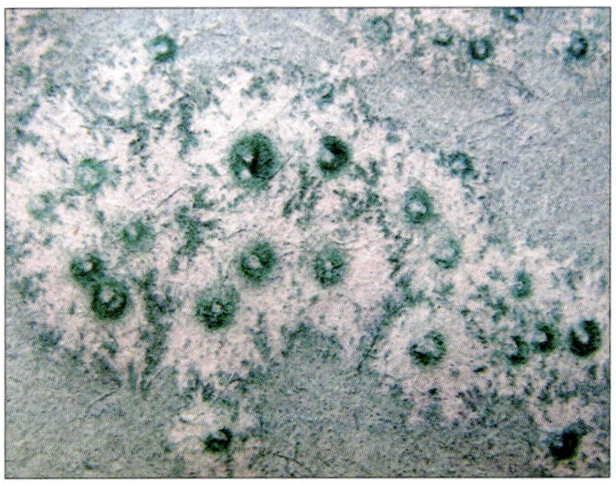

2. Jedes Salzkorn zieht in einem kleinen Umkreis die Farbe an sich heran, sodass helle und dunkle Flecken auf dem Bild entstehen. Das funktioniert jedoch nur, wenn die Farbe noch sehr nass ist.

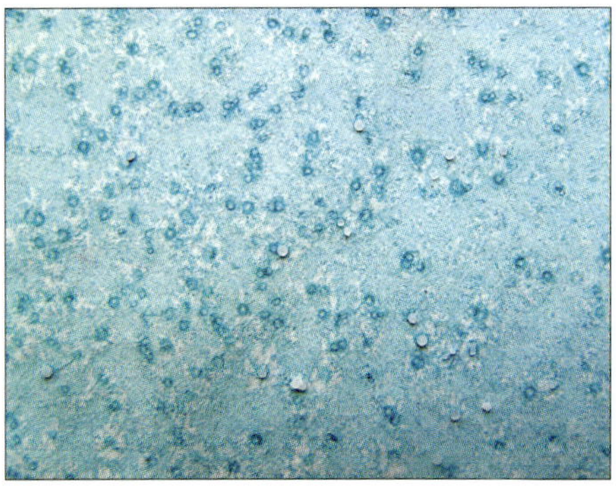

3. Salz in verschiedenen Körnungsgraden erzielt unterschiedlich große Flecken.

Zeitaufwand: 1–2 Schulstunden

Schülerarbeit, 6. Klasse, Gewürzmalerei mit Kohlevorzeichnung

Name: ______________________ Datum: ____________

Salz und Gewürze aufstreuen

Dafür benötigst du folgendes Material:
Pinsel, Wasser, Farbkasten, Papier zum Ausprobieren, Salz oder Gewürze

1 Male mit einem Blauton aus deinem Farbkasten in das freie Feld unten.

2 Die Farbe muss sehr feucht sein, also nimm die Farbe zusammen mit viel Wasser auf.

3 Solange die Farbe auf dem Arbeitsblatt noch feucht ist, kannst du das Salz auftragen. Du wirst sofort sehen, was passiert.

4 Wenn du lieber mit Gewürzen experimentieren möchtest, dann trage unten die Farbe Orange auf. Auch diese Farbe soll sehr nass sein, damit die Gewürze besser auf dem Blatt Papier haften.

5 Nun streue z. B. ein bisschen Curry-Pulver auf die Farbe. Du wirst sehen, dass dein Bild nicht mehr so glatt ist wie vorher. Die Stellen in deinem Bild, wo du das Gewürzpulver aufgetragen hast, heben sich hervor.

Malen und Gestalten mit Papierschnipseln

Die Technik Schritt-für-Schritt

1. Im ersten Schritt werden für diese Technik z. B. aus einer alten Zeitschrift kleine Papierschnipsel gerissen und auf einem Teller gesammelt.

2. Der Pinsel wird zuerst in Farbe und anschließend in die Papierschnipsel getaucht. Danach trägt man mit dem Pinsel die aufgenommene Farbe und das Papier auf ein Blatt auf. Die Papierschnipsel können in mehreren Schichten aufgebracht werden. Um Details im Bild darzustellen, kann man die Papierschnipsel nachträglich noch bemalen.

Zeitaufwand: ca. 2 Schulstunden

Schülerinnenarbeit, mit Papierschnipseln, Alter der Schülerin: 10 Jahre

Beispiele aus der Kunst

Für die Auseinandersetzung mit Materialbildern und den Aussagemöglichkeiten von Materialien bieten sich Werke von **Anselm Kiefer (geb. 1945)** und **Yves Klein (1928–1962)** an.

Name: ______________________ Datum: ______________

Wasserfarben und Papierschnipsel

Dafür benötigst du folgendes Material:
Pinsel, Wasser, Farbkasten, Papier zum Ausprobieren, altes Zeitungspapier, Teller zum Mischen

1 Zerreiße z. B. altes Zeitungspapier in ganz kleine Papierschnipsel.

2 Wähle eine Farbe aus dem Farbkasten aus und nimm diese Farbe mit etwas Wasser mit dem Pinsel auf. Übertrage die Farbe auf den Teller. Mische zu der Farbe ein paar Schnipsel des zerrissenen Papiers.

3 Die Mischung aus Papier und Farbe überträgst du nun auf das Feld unten.

4 Du kannst das Bild verändern, indem du nach dem Auftragen der Papier-Farben-Mischung noch einmal mit einer anderen Farbe über das Motiv malst.

Die Farbe sollte für das Mischen mit dem gerissenen Papier sehr nass sein, da sich sonst die Papierschnipsel nicht gut mit der Farbe verbinden und nach dem Trocknen nicht auf dem Blatt haften bleiben.
Wenn die Papierschnipsel richtig nass von der Farbe sind, kannst du sie auch leichter in der gewünschten Form auftragen.

Traditionen: Grisaillemalerei

Als **Entwurfs- und Untermalungstechnik** wurde die Grisaillemalerei (von frz. *gris* = grau) bereits in der spätgotischen Tafelmalerei (ab dem frühen 15. Jh.) angewendet. Sie bildete dabei eine Art malerisches Gerüst für den Farbauftrag mit leuchtenden Ölfarben. Im Klassizismus (ab 1750) wurde diese Maltechnik im dekorativen Bereich eingesetzt, um illusionistische Muster, Ornamente und Gestalten „Ton in Ton“ auf Wänden entstehen zu lassen.

Die Technik Schritt-für-Schritt

1. Für diese Technik werden ausschließlich die dunkleren Farben aus dem Farbkasten benutzt. Indem man unterschiedliche Mengen Wasser hinzufügt, kann man ein sehr breites Spektrum verschiedener Grau-, Braun-, Grün- und Rottöne herstellen.

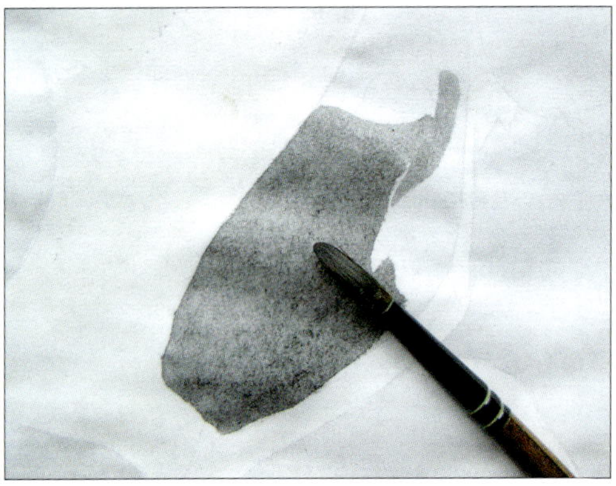

2. Die verschiedenen Farbstufen im Bild entstehen durch die unterschiedlich stark mit Deckweiß abgemischten Farben.

3. Das Motiv wird schrittweise gestaltet. Je mehr Deckweiß der Farbe hinzugefügt wird, umso heller wird der Farbton. Durch das Übereinanderlagern von Farbschichten einer Farbe können dunklere Flächen im Bild gestaltet werden.

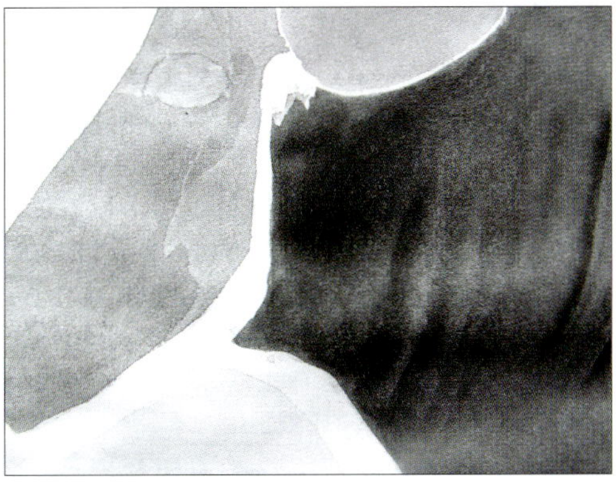

4. Durch mehrere Schichten und durch dunklere Töne können Details im Bild herausgehoben werden.

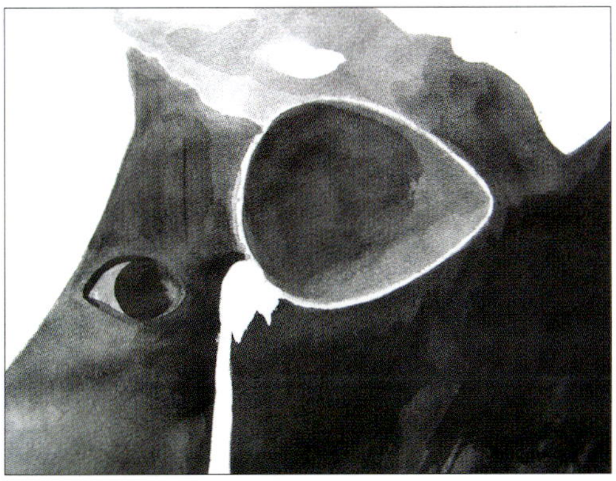

5. Typisch für die Grisaillemalerei ist die Modellierung der Farbflächen durch unterschiedliche Stufungen.

6. Die Technik eignet sich nicht nur für großflächig angelegte Bilder, sondern auch für Motive mit vielen Details. Mit einem feinen Pinsel können Kleinigkeiten im Bild problemlos dargestellt werden.

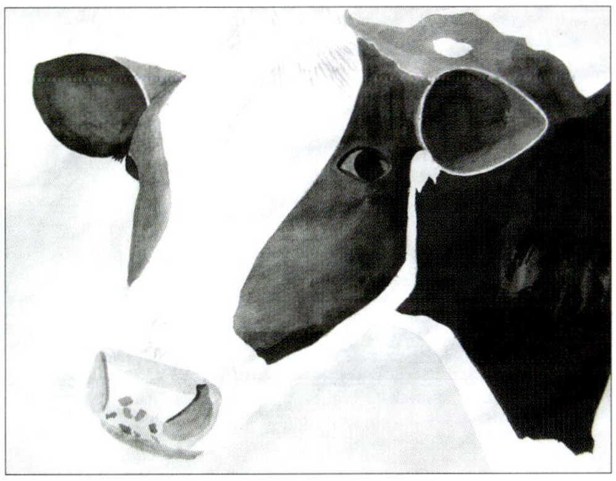

7. Die Grisaillemalerei kann auch gut für Motive im Stil von Schwarz-Weiß- oder Sepia-Fotografien wie auch für Malereien im Stil des 18. Jahrhunderts eingesetzt werden.

Zeitaufwand: ca. 4 Schulstunden, erweiterbar

Beispiele aus der Kunst

Xavier Mader (1789–1830) gilt als einer der wichtigsten französischen Tapetendesigner, Zeichner und Holzschneider des frühen 19. Jahrhunderts. Noch nicht einmal 20-jährig, wurde er 1808 von dem Tapetenfabrikanten Joseph Dufour engagiert. Durch sein Talent und seine herausragenden Tapetenkompositionen begründete er den legendären Ruf der Manufaktur in Europa und darüber hinaus. Ihm gelangen die größten Erfolge in der Geschichte der Tapete überhaupt. Das hier dargestellte Tapetenmotiv imitiert perfekt die Ausdrucksmöglichkeiten der Malerei in Grisaille- und Sepiatönen. Die Tapete aus dem Jahr 1827 (Schlossmuseum Corvey, Höxter) gibt die damit verbundene nuancierte Licht- und Schattenwirkung wieder. Die tapezierten Wände wirken wie „bemalt“ und verwandlen sich in einen antiken Palast mit einer Tempeldienerin, die einen Früchtekorb ausstattet. Hier beeindruckt vor allem die raffinierte Kombination einer Malweise in hellen Grau-Weiß-Nuancen in der Kombination mit Ocker-Braun-Abstufungen.

Xavier Mader: Tapetenfries (Ausschnitt), 1827, Fa. Joseph Dufour, Schlossmuseum Corvey, Foto: J. Ströter-Bender

Ingo Kuczera (1964–2004) hat für seine Darstellung einer Elfe eine „wilde" Variante der Grisailletechnik gewählt, die gestalterisch im Farbauftrag relativ einfach umzusetzen ist.
Er legte auf grau-braunem Untergrund eine halbdeckende Schicht Weiß, die an eingien Stellen den Untergrund durchschimmern lässt. Dann verstärkte er auf diesen Flächen erneut die Vorzeichnung mit Bleistift und akzentuierte einige Stellen farblich.

Ingo Kuczera: Ohne Titel, Wasserfarbe, Bleistift auf Papier, o. J., 46 x 41,5 cm, Copyright: Erbengemeinschaft I. Kuczera

Name: ______________________ Datum: ____________

Grisaillemalerei

Dafür benötigst du folgendes Material:
Pinsel, Wasser, Farbkasten und Papier zum Ausprobieren

1 Für diese Technik benötigst du wahlweise die Farben Schwarz, Braun, Dunkelgrün oder auch Rot aus deinem Farbkasten, viel Deckweiß und viel Platz zum Mischen der Farbe.

2 Mische eine Farbe mit sehr wenig Wasser und male anschließend mit dem Pinsel einen Strich in das freie Feld unten.

3 Mische nun die Farbe mit etwas Deckweiß.

4 Male einen zweiten Strich neben den ersten.

5 Mische die Farbe noch mehr mit Deckweiß und male einen dritten Strich neben die beiden anderen. Was fällt dir auf?

Je mehr Deckweiß du der Farbe hinzufügst, desto heller wird sie. Durch eine Vielzahl an Hell- und Dunkelabstufungen kannst du Licht und Schatten gut zum Ausdruck bringen.

Malstationen für den Unterricht

Um den Farbkasten und seine vielfältigen Gestaltungsmöglichkeiten kennenzulernen, eignen sich die vorgestellten Techniken der vorausgehenden Kapitel zum Aufbau von Stationen, beispielsweise

- zum Schuljahresanfang (und auch beim Wechsel der Schulart), um über die Techniken in das Fach Kunst „einzusteigen“ und dabei im Austausch die neue Klassengruppe kennenzulernen,
- um die gestalterischen Kompetenzen mit Blick auf ein größeres Projekt grundlegend zu erweitern,
- um die malerischen Konzepte von Künstlern und Künstlerinnen besser nachvollziehen zu können,
- um Zwischenphasen im Schuljahr mit malerischen Übungen zu gestalten,
- zum Schuljahresende, wenn „die Luft draußen ist“,
- um einfach mal zu malen, zu experimentieren, sich mit den vorhandenen Möglichkeiten kreativ auszudrücken.

Projekt 1

Standardtechniken

3 Stationen:

- Deckendes Malen
- Lasieren, Übermalen
- Schichtenmalerei

Möglicherweise ergänzt durch die Station: Traditionen, Grisaillemalerei

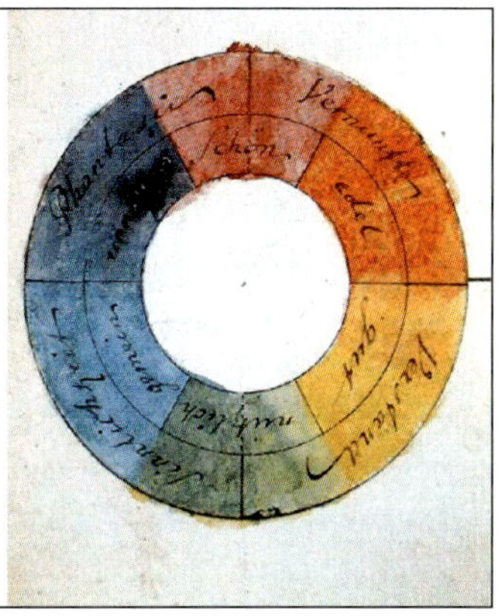

Projekt 2

Illustrieren

3 Stationen:

- Kolorieren von Zeichnungen
- Farbiges Zeichnen
- Wasserfarben und Filzstifte

Projekt 3

Gesten, Spuren, Materialien

4 Stationen:

- Wässriges Malen
- Tupftechnik
- mit Sand, Erde, Salz, Gewürzen
- mit Papierschnipseln

Anhang

Literatur

(2006) Doerner, Max; Hoppe, Thomas (Hg.): Malmaterial und seine Verwendung im Bilde, Stuttgart.

(1994) Hayes, Collin: Zeichnen und Malen. Das praktische Handbuch der Werkstoffe und Techniken, Ravensburg.

(1987) Janusczack, Waldemar: Maltechniken großer Meister. Ein Blick in die Ateliers der Weltkunst, Herrsching.

(1986) Kampmann, Lothar: Deckende Farben, Ravensburg.

(1984) Leymarie, Jean: Das Aquarell, Genf.

(1988) Parramón, José M.; Fresquet, G: Handbuch der künstlerischen Techniken, Bindlach.

(1992) Pawlik, Johannes (Hg.): Malen lernen. Eine Einführung in die künstlerischen Maltechniken, Köln.

(1988) von Olfers, Sibylle: Etwas von den Wurzelkindern, Bindlach.

(2007) Ströter-Bender, Jutta: Paula Modersohn-Becker, Auf den Spuren einer großen Malerin, Primarstufe, Donauwörth.

(2006) Ströter-Bender, Jutta: Claude Monet im Kunstunterricht, Kreative Ideen für die Primarstufe, Donauwörth.

(2004) Warr, Michael: Créer textures et effets de matière, Paris.

(1950) Wehlte, Kurt: Malen mit Wasserfarben, Ravensburg.

(2001) Wehlte, Kurt: Werkstoffe und Techniken der Malerei, überarbeitete Auflage, Stuttgart.

Bildnachweis

Erbengemeinschaft I. Kuczera: S. 9, 17, 28, 38, 61; Ariane Temme: S. 21; William Blake, Songs of Innocence and Experience, 1789/94: S. 22 l. und r.; Stefanie Heyer: S. 23 l. und r.; Magda Hagstotz, © VG Bild-Kunst, Bonn 2009: S. 27 o. und u.; Anna Teichrieb: S. 29, 45 l.; Maria Sybilla Merian, plate LX. Akanthazee, aus: Metamorphosis insectorum Surinamensium, 1705: S. 31; Galileo Galilei, Studie der sechs Mondphasen, 1616: S. 34; Sibylle von Olfers, Illustration zu „Etwas von den Wurzelkindern", 1906: S. 35; Fanart-Motive aus: http://fanart.onlinewelten.com: S. 36, 37; Xavier Mader, Tapetenfries (Ausschnitt), Schlossmuseum Corvey, Foto: J. Ströter-Bender: S. 60

Die im Verzeichnis nicht aufgeführten Abbildungen wurden von den Autorinnen zur Verfügung gestellt.

BRIGG Pädagogik VERLAG

Der neue Pädagogik-Fachverlag für Lehrer/-innen

Zeichnen und Gestalten in der Sekundarstufe!

Klaus Jahn

Vom Punkt zum Bild

Unterrichtsideen für grafische Gestaltung und Zwischentechnik

80 S., DIN A4, farbig
Ideen für die Praxis
Best.-Nr. 394

Anhand von konkreten Beispielen liefert der Autor **vielfältige, einfach umzusetzende Gestaltungsideen**, um die Schüler von einfachen Formen wie Punkt und Linie zu aussagekräftigen, wirklichkeitsgetreuen Bildern zu führen. Im zweiten Teil beschäftigt sich der Band mit dem Bereich Zwischentechnik, der exemplarisch an den Drucktechniken **Spritzdruck und Bürsten-Farbsprüh-Technik** erläutert wird.

Otto Heigold

Zeichnen zwischen 4 und 14

Eine phantasievolle Reise zum Bildplaneten

140 S., DIN A4, 292 Farbfotos
Ideen für die Praxis
Best.-Nr. 330

Zeichnen begreifbar machen, durch Denken, Erleben und Tun! Alle **Aufgabenbeispiele** sind sehr übersichtlich formuliert und nach dem gleichen Muster aufgebaut, mögliche Werkzeuge, Materialien und Arbeitsplätze anschaulich beschrieben. Die Aufgaben können problemlos in der Klasse umgesetzt werden, da alle Materialien sehr preisgünstig oder kostenlos verfügbar sind.

Michael Tschakert

Zeichnen an der Tafel – so geht's

Eine Schritt-für-Schritt-Anleitung für Lehrerinnen und Lehrer

80 S., DIN A4, farbig
Ideen für die Praxis
Best.-Nr. 523

Nach einer anschaulichen Einführung zu lernpsychologischen Aspekten werden **unzählige Beispiele für schulrelevante Tafelzeichnungen** vorgestellt. Der Autor spricht häufige Fehler an und gibt wertvolle Tipps. Auch für Ungeübte leicht nachvollziehbar!

Yvonne Schuster

Werken für die Realschule

Kopiervorlagen zu den Werkstoffen Papier, Ton, Holz und Metall

5./6. Klasse

72 S., DIN A4,
Kopiervorlagen mit Lösungen
Best.-Nr. 358

Die Schüler setzen sich mithilfe dieser Arbeitsblätter nicht nur mit der **Herkunft der Werkstoffe** auseinander, sondern erfahren auch Wissenswertes über die **Werkstoffarten** und ihre **Eigenschaften**. Zu jedem Werkstoff wird eine praktische Übersicht über die notwendigen Werkzeuge und Hilfsmittel und ihren Einsatz mitgeliefert. Der Band wird durch insgesamt **17 praktische Werkaufgaben** abgerundet.

Weitere Infos, Leseproben und Inhaltsverzeichnisse unter
www.brigg-paedagogik.de

Bestellcoupon

Ja, bitte senden Sie mir/uns mit Rechnung

_____Expl. Best.-Nr. ____________________

_____Expl. Best.-Nr. ____________________

_____Expl. Best.-Nr. ____________________

_____Expl. Best.-Nr. ____________________

Meine Anschrift lautet:

Name / Vorname

Straße

PLZ / Ort

E-Mail

Datum/Unterschrift Telefon (für Rückfragen)

Bitte kopieren und einsenden/faxen an:

Brigg Pädagogik Verlag GmbH
zu Hd. Herrn Franz-Josef Büchler
Zusamstr. 5
86165 Augsburg

☐ Ja, bitte schicken Sie mir Ihren Gesamtkatalog zu.

Bequem bestellen per Telefon/Fax:
Tel.: 0821/45 54 94-17
Fax: 0821/45 54 94-19
Online: www.brigg-paedagogik.de